lecturas modernas

NIVEL
2

Misterio en el museo

Delia María De Césaris
Telma Guimarães Castro Andrade

2.ª edición

Con R.O.

SANTILLANA
ESPAÑOL

Miguel palpó suavemente el pequeño sobre que poco antes había colocado en el bolsillo de su chaqueta. Aún estaba allí. Suspiró hondo y se introdujo en la famosa biblioteca. No había sido fácil. Solo después de comprobar ser un investigador serio la bibliotecaria le había permitido tener acceso a los libros. Tuvo que pedir a un amigo, estudiante de Arte, que le prestara una monografía y una guía de trabajo que justificasen la búsqueda de documentos. Se preguntó si la policía tendría menos problemas para entrar.

Pronto, como si sus pies ya supieran a donde ir, él encontró el estante de los libros de Goya. Eligió algunos antiguos ejemplares y se sentó. Comenzó a hojearlos hasta que encontró en uno de ellos la reproducción de la obra que

buscaba. Aquel cuadro expresaba todo lo que sentía. ¡Allí estaba la lechuza! Sí... había sido un tonto...

Mientras trataba de descubrir si alguien le estaba vigilando, fingía leer. Cuidadosamente, sacó el sobre del bolsillo y lo puso entre las páginas. Allí estaba la minúscula llave con el número del armario guardamaletas del aeropuerto. Cerró el libro y lo mezcló entre los otros. Aguardó algunos instantes, se levantó con calma y, saliendo de la sala, entregó los volúmenes a la bibliotecaria.

"¡Ojalá no se note la llave!", pensó al dejar el edificio. Había hecho todo lo posible para que pareciese una devolución común.

La piel morena nutrida por diecisiete años de besos de sol, los ojos brillantes adornados por abundantes pestañas y los cabellos castaños le daban a Irene un sereno aire romántico. Había llegado temprano de la escuela para cenar con su padre, José, y su hermana mayor, Alicia. Si su madre, Laura, estuviese viva, sería su cumpleaños. Ellos siempre se reunían en esa ocasión.

Desde su muerte, la familia mantenía el piano abierto con la partitura en el estante, sus libros de pintura y de música sobre una mesa en un rincón de la sala, al lado de su sillón preferido. Había momentos en que Irene tenía la impresión de que sentía el perfume de su madre o que oía los acordes del piano llenando los cuartos de la casa. Ya habían transcurrido cinco años sin la ternura de Laura, sin las canciones que tocaba en el piano, sin su potaje a la madrileña,

callos, cocido, caracoles, sopa de ajo, gallinejas y entresijos. Irene tenía añoranzas de todo aquello. Su padre y su hermana la apoyaban y le daban mucho cariño, pero nada sustituía la confianza que su madre le inspiraba. De ella había heredado el deleite por las artes y el hábito de tocar el piano todas las noches, después de cenar.

Irene intentó olvidar la tristeza que los recuerdos le traían, para concentrarse en la cena. Puso la mesa, cortó el jamón y el pan en rodajas, preparó una ensalada. Había hecho una enorme torta de chocolate que, pensó, se vería muy linda sobre una de las fuentes de porcelana de su madre. Abrió un aparador y al intentar retirar una bandeja, esta se estrelló en el suelo.

—¡Ay, no...! ¡Qué desastre...! —se lamentó casi llorando—. Era una de las preferidas de mamá... ¡Qué lástima! —exclamó, mientras observaba los pedazos pintados a mano esparcidos por el piso. Decidió recogerlos. "Tal vez papá y yo podamos pegarlos". Tomó un diario del día anterior y envolvió los trozos.

Mientras ataba el paquete con un hilo, una noticia le llamó la atención:

Miguel Pacheco, exparticipante de un grupo acusado de cometer diversos crímenes, decidió revelar datos sobre un atentado programado para este mes. En el momento en que entraba voluntariamente a la Comisaría, sus antiguos cómplices intentaron secuestrarlo. Pacheco huyó en el desorden y su paradero es desconocido. Más informaciones en la página A 23.

"¡Dios mío!, ¿qué le habrá ocurrido?", pensó Irene. En ese instante, Alicia y su padre llegaron y ella puso toda su atención en la cena.

—¡Hum... cuánta comida rica hay en esa mesa! —dijo José—. Él era jefe de policía y su jornada de trabajo había sido agotadora.

—¡Tengo un hambre! —comentó Alicia.

Los tres se prepararon para cenar.

—Papá, ¿sabías que durante cuatro semanas tendré clases en el Museo del Prado? Mis compañeros de la Escuela de Artes y yo vamos a hacer un estudio de "manos y pies", perspectiva, luz y sombra. Voy a llevar un banquito, el caballete, me sentaré enfrente de las telas... ¿Te lo imaginas? ¡Tu, hija, una artista en el Museo! —dijo abrazando a su padre—. ¡Estoy tan feliz! Si estudio mucho, dentro de un año estaré en la Facultad de Bellas Artes.

José estaba orgulloso de su hija. Realmente tenía todas las virtudes de su madre...

Él extrañaba mucho a su esposa. Era un hombre de armas que tenía que criar a dos hijas y, muchas veces, tenía dudas de como proceder con ellas. Ya no se preocupaba tanto con Alicia, que había ingresado en la Facultad de Arquitectura de la Universidad Autónoma de Madrid, pero con Irene... ¿Cómo saber si estaba haciendo lo correcto?
Era imposible llenar la ausencia de Laura. Su trabajo estaba lleno de imprevistos y no le permitía estar en casa siempre que lo creía necesario.

Terminaron la cena y se sentaron alrededor del piano. El silencio trajo reminiscencias de Laura. Comenzaron a

rememorar los cuentos que ella relataba. Al final de la noche, todos rieron por una historia que parecía venir junto con su risa contagiosa, y se sintieron reconfortados.

—Mañana tendré el día libre. ¿Qué vamos a hacer? —interrogó José, ansioso ante la oportunidad de pasar más tiempo con sus hijas.

Irene y su hermana cruzaron miradas fugazmente. La noche anterior, Alicia le había contado a Irene sobre sus planes para el día siguiente: almuerzo y cine con un amigo. Por su parte, Irene iría a una corrida de toros con su novio Paco y los amigos de la Escuela de Artes.

José advirtió la complicidad entre sus hijas y dijo:

—Ya tienen otros planes, ¿no? —sonrió—. ¡Ah... no es fácil ser padre de chicas tan populares! —bromeó.

Los tres conversaron por algún tiempo y la noche terminó tranquila.

Miguel Pacheco, nervioso, espiaba sus inmediaciones. Tenía la sensación de que lo seguían. Pretendía pasar desapercibido mezclándose entre la multitud del centro de la ciudad.

En una esquina, vio a uno de sus antiguos "camaradas". Él estaba seguro de que su perseguidor solo esperaba una oportunidad para atacar. Decidió no perder más tiempo. Tomó una gran bocanada de aire y comenzó a correr tan rápido como sus piernas se lo permitían. Entró raudamente en un autobús, pero fue cercado por otro de sus exsecuaces. ¡No tenía escapatoria!

Los dos hombres se examinaron fríamente, midiendo cada uno de sus movimientos. Miguel empezó a creer que había sido atrapado.

El autobús se detuvo para que una anciana pudiese subir. Ella parecía muy enferma y tropezó en los escalones. Miguel se le acercó, como si fuese a ayudarla y, sorprendiendo a su enemigo, escapó velozmente del autobús.

Corrió más o menos seis cuadras. Le faltaba el aire. Paró solo cuando sus fuerzas lo abandonaron. Estaba exhausto. No quería volver a la Comisaría porque tenía miedo de una nueva emboscada. Solo había una solución: llamar a la policía para darle la localización del gráfico con los detalles de la bomba colocada en el aeropuerto.

Desactivado el explosivo, él podría entregarse. Sus antiguos cómplices continuarían acosándolo, pero al menos habría conseguido impedir el atentado. Era la única forma de salvar a la delegación de Amnistía Internacional y a los cientos de posibles víctimas inocentes.

Caminó hasta un teléfono público y llamó a la Comisaría.

—Meneces...

—Señor Meneces, habla Miguel Pacheco.

—¿Pacheco? ¿Dónde está? ¿Está en peligro?

—Eso no importa... lo que sí importa es que hay una bomba en el aeropuerto... Obtuve un gráfico con la información del mecanismo interno pero no entiendo nada de explosivos. Yo no los puedo ayudar... pero el gráfico sí puede hacerlo.

—Pero sin usted...

En ese momento, Miguel vio que se aproximaban los dos hombres que lo perseguían.

—¡Escuche! ¡Me encontraron! —Miguel empezó a hablar, interrumpiendo a Meneces—. ¡Museo del Prado...! ¡Goya! —dejó caer el tubo del teléfono y prontamente inició su fuga.

—¡Pacheco! ¡Pacheco! —gritó Meneces al teléfono.

A Irene no le gustaban las corridas de toros. Solo había aceptado la invitación porque Paco era aficionado y también todos sus amigos estarían allí. Se preguntaba si reuniéndose en otra ocasión y en otro lugar, no sería más honesta consigo misma y con ellos. Como muchos españoles, se conmovía con el sufrimiento de los toros. Era horripilante su muerte anunciada, su agonía, ese irse en sangre…

El primer torero acertó mortalmente al toro. El segundo, más famoso y el que más entusiasmó a la platea, hizo muestra de una gran destreza. Pero el tercero no tuvo suerte: fue corneado gravemente por el animal embravecido de dolor y tuvo que ser llevado de emergencia a un hospital.

Irene se levantó. No quería continuar presenciando aquel cruel espectáculo. Decidió no volver jamás a la Plaza para una corrida. Paco podía contar con la compañía de sus amigos para eso. Y, al final, ellos dos no necesitaban estar siempre juntos.

Una semana después, la directora de la escuela notificó a los alumnos que, posteriormente a muchos trámites, había conseguido autorización del Museo del Prado para dictar clases allí a partir de aquella misma tarde. La Escuela Avanzada de Artes de Madrid se encontraba en una construcción antigua, con una fachada repleta de ornamentos, en plena Gran Vía, no muy lejos del Museo, por lo que todos podrían ir allí sin problemas.

El grupo de Irene estaba muy entusiasmado. Todos se encontrarían al frente del Museo a las tres menos cuarto.

Irene, ansiosa, fue la primera en llegar. Esperó frente al monumento a Velázquez. El profesor de Arte apareció en seguida, algo incómodo por la cantidad de materiales que cargaba. Uno a uno los estudiantes fueron llegando.

—¿Están todos? —preguntó el profesor.

—¡Todos! —gritaron fervorosos.

Bruno Villanueva, el profesor, mostró sus credenciales al inspector del Museo y cada alumno recibió una identificación. Bruno estaba tan exultante que ni sabía qué tomar primero, si su maleta de pinturas, los anteojos que se empecinaban en caer o la identificación que había recibido.

Los alumnos siguieron al profesor por las amplias salas del Museo.

—Cuidado… —él le dijo a una alumna cuando hizo caer su caballete—. Por aquí…—Su voz era casi un susurro mientras indicaba el camino.

Irene estaba feliz. Las evocaciones que guardaba aquel lugar eran especiales. En una visita que había hecho con su abuela varios años antes, se había perdido. En aquella ocasión, la encontró un amigo de la familia que trabajaba allí como guía. Con mucha paciencia, mientras esperaban a la abuela, él le contó varias historias sobre Goya y sobre Velázquez. Así que desde entonces ella mantiene una relación muy singular con el Museo.

La adoración de los pastores, El Greco.

Después de caminar por varias salas, el profesor Bruno mostró el sitio donde permanecerían.

—Este es el lugar —dijo. En seguida colocó su banquito y el caballete enfrente de una pared repleta de cuadros de El Greco.

Mientras los chavales abrían sus bancos y preparaban los caballetes, Irene, embelesada, se acercó a las telas. Una voz simpática la retiró de su trance artístico.

—Fascinante, ¿verdad?

Una señora muy bajita la miraba a través de unas gruesas lentes que tornaban sus ojos oscuros aún más penetrantes.

—Disculpe, estaba distraída. ¿Qué dijo? —preguntó Irene.

—¿No es increíble que un cuadro pueda contar historias?

—Es verdad. Las miradas retratadas parecen hablar con nosotros.

—¿Tú siempre vienes aquí? —interrogó, curiosa, la señora.

—No. Estudio en la Escuela Avanzada de Artes de Madrid. Vinimos a hacer un trabajo sobre perspectiva, luz y sombra. ¿Y usted?

—Oh, nada de usted. Mi nombre es Dolores. Siempre vengo aquí aunque no sé pintar. Solo vengo porque me gusta imaginar las vidas que hay detrás de los personajes de los cuadros, especialmente los de Goya.

—¡Goya es uno de mis preferidos! ¡Sus cuadros son tan intensos!

—Y él fue un hombre de una existencia intensa. Padeció mucho, vio la miseria causada por la guerra, por el abuso de poder. A través de su arte, mostraba el dolor y las flaquezas humanas. Su pasión era tan poderosa que, aun cuando estaba enfermo y quedándose sordo, siguió pintando. Fue capaz de irritar a los poderosos y acabó en el exilio. Conocí a algunas personas así.

—¿Pintores? —interrogó Irene, intrigada.

La adoración de los pastores, El Greco.

—Exiliados, mi querida. Soñar es un gran riesgo. Antes que Franco tomase el poder, muchas personas soñaban con un mundo mejor, donde todos fuesen tratados con humanidad. Luchaban contra todo tipo de discriminación. Planeaban un mundo en que hubiese lugar para todas las razas, creencias, formas de pensar y de sentir. Pero, para los fascistas, la libertad de ser era aterradora, hasta repugnante. No podían convivir con ella e intentaron destruirla.

—A veces casi me olvido de que todo eso ocurrió aquí y hace solo unos pocos años… que es nuestro pasado.

—Eso les sucede a muchas personas en todas las naciones que sufrieron represión. La mayoría de la gente prefiere creer que ella nunca ocurrió. Pero eso no nos torna más libres, ¿verdad?

José apareció de repente delante de su hija.

—¡Papá! ¿Qué haces aquí?

—¡Hola, Irene! Vi a Paco en otra sala. Estoy contento de que tus clases hayan comenzado.

—Yo también, papá. Estaba escuchando una interesante clase de historia de esta encantadora señora.

—Mi nombre es Dolores —se presentó la viejecita.
—¿Qué tal? Soy José, padre de Irene.
—¿Pero no deberías estar en la Comisaría? —preguntó Irene.
—Meneces y yo estamos investigando un caso. Pero parece que no encontraremos nada. Necesitamos un especialista en Goya.
—Entonces, encontraste "una", porque Goya es el pintor preferido de Dolores.

—Bien... Goya es mi preferido, pero no soy ninguna especialista. Aunque... bueno, si puedo ayudarles... —dijo Dolores.

—¿Escuchó hablar de Miguel Pacheco?

—Sí, el chaval que se arrepintió de haber cometido esos atentados. Leí una noticia sobre él, hace unos días. Fue miembro de un grupo que promueve la discriminación contra todos aquellos que no son blancos, cristianos, heterosexuales...

—¡Sí, ese mismo! Con sus cómplices, participó de varios ataques contra miembros de organizaciones de defensa de los derechos humanos —completó José—. Antes de esfumarse la última vez, telefoneó para la Comisaría y dijo que el gráfico de una bomba colocada en el aeropuerto estaba aquí en el Museo. Pero solo tuvo tiempo de mencionar el nombre de Goya, porque lo estaban persiguiendo. Después no tuvimos más noticias de él. Si no descubrimos el gráfico, podrá haber otro atentado.

La adoración de los pastores, El Greco.

—Pero ¿cómo podría yo ayudar? —preguntó Dolores.

—Ya revisamos todas las salas donde hay obras de Goya y no encontramos nada, ninguna pista, ni una nota, ni un papel doblado... Miguel Pacheco es un hombre inteligente. No debe haber elegido ese pintor porque sí.

—Ciertamente no. Goya se preocupaba con la opresión. Incluso, hizo un cuadro en que hay un inmenso coloso representando la fuerza del pueblo... —Dolores pensó un poco—. Pero hay otro trabajo de él que tal vez podría...

—¿Cuál? —interrogaron al mismo tiempo Irene y José.

A esas alturas, la presencia del padre de Irene y de otros policías ya había llamado la atención de los alumnos y del profesor Bruno. Todos estaban atentos a la conversación.

—No... no puede ser, esa obra no está en este Museo... —dijo, insegura, Dolores.

—¿Y si estuviera en un libro, en la biblioteca del Museo? —inquirió Irene.

—Puede ser. ¡Vamos todos para allá! —dijo José—. Profesor Bruno, algunos de sus alumnos están conmigo —avisó.

José, Dolores, Irene, los otros jóvenes y hasta el profesor corrieron para la biblioteca por los pasillos del Museo. Irene, inquieta, le explicó a Paco lo que estaba sucediendo.

La bibliotecaria se asustó con la multitud pero, cuando José le dijo que se trataba de una emergencia policial, dejó entrar a todos.

—¿Qué debemos buscar? —le preguntó José a Dolores.

—Creo que una obra en la que Goya aparece sentado, con la cabeza baja, como durmiendo. A su alrededor, hay lechuzas y felinos. El nombre de la obra es *El sueño de la razón despierta monstruos*.

—Muy bien. Abran todos los volúmenes en los que hay referencias a Goya. Cuando encuentren ese trabajo, busquen un papel, un garabato, cualquier cosa. ¡Manos a la obra! —mandó José.

Había muchos libros de Arte con referencias a Goya. Un poco alborotados, todos se empeñaron en la tarea. De repente, un grito:

—¡Papá, encontré un sobre!

Allí estaba, en medio de un libro, el sobre dejado por Miguel, en una página con una foto de la obra que Dolores les había mencionado. Dentro, una minúscula llave con un número.

José la cogió, agradeció a todos y salió apresuradamente con los otros policías. Irene, Paco y Dolores fueron con ellos. Sin entender bien lo que estaba ocurriendo, los otros estudiantes y el profesor se quedaron al frente del Museo, deseando que todo terminara bien.

Con todo aquel lío, la clase quedó postergada para otro día.

—¡Rápido, entren en los coches! —exclamó Meneces.

El auto de José y Meneces partió primero. Tras ellos, otros cinco patrulleros arrancaron haciendo chirriar los neumáticos. En el camino para el aeropuerto, Irene le preguntó a Dolores:

—¿Cómo sabía que esa era la obra?

—No lo sabía. Solo traté de ponerme en el lugar de Miguel. Todos sentimos, a veces, que "dormimos" delante de ciertas realidades o situaciones y que en esos períodos nos dejamos engañar por ilusiones. Las lechuzas, en el siglo XIX, representaban a los tontos.

—El sueño de la razón despierta monstruos… —susurró Irene, casi hablando para sí misma.

—Es verdad. Posiblemente Miguel decidió transformar en algo mejor su sed de poder, sus prejuicios…

Apenas llegaron al aeropuerto, abrieron el armario del guardamaletas indicado por Miguel. Los gráficos de la bomba realmente estaban allí.

—¡Tenemos que actuar rápido! —José y Meneces corrieron hasta la sala de embarque. Presentaron sus credenciales y entraron.

Irene, Paco y Dolores se quedaron esperando en el auto, mientras los policías evacuaban el aeropuerto, a pedido de José.

José vio una caja escondida detrás del bar de la sala de embarque.

—¡Aquí está!

Los peritos, auxiliados por el gráfico, desarmaron la bomba que estaba lista para explotar en cuarenta y ocho horas.

—¡Qué pena que no hemos encontrado a los culpables! —dijo José—. Tal vez Pacheco aún se entregue, pero los otros…

Paco observó a Irene por algunos minutos, mientras ella conversaba con su padre y con Meneces. Él se enorgulleció de su novia. Ella estaba tan diferente… ¡Tan segura!

Al día siguiente, Miguel abrió el diario. La policía había encontrado el gráfico de la bomba. Respiró aliviado. No habría más heridos.

Comenzó a caminar en dirección a la Comisaría. Se sentía una persona nueva. Miraba a su alrededor y parecía encontrar en cada rostro una esperanza. Sabía que por mucho tiempo sería un prisionero. Pero eso no le importaba. Su mente y su corazón comenzaban a experimentar la verdadera libertad.

Las clases en el Museo continuaron aún por cuatro semanas. Irene y Dolores se hicieron amigas y conversaban siempre. La vida de Dolores era tan rica y ella conocía las historias de tantas personas especiales que Irene comenzó a tener una nueva visión del mundo.

Se sentía con más confianza. No era solo la hija del comisario José, la hermana de Alicia, la novia de Paco, la estudiante de Arte. Era Irene. Percibió que sus palabras, sus actos, su voluntad podrían cambiar el mundo. Podría salvar algunos toros y toreros, por ejemplo, si nunca más fuese a las corridas. Y había millones de Dolores, Pacos, Josés, Alicias y Migueles con quienes vivir esa alegría.

Deseaba compartir con su madre sus descubrimientos. Sabía que ella se enorgullecería de la mujer en la cual su hija se estaba convirtiendo.

Y por eso, en un apacible y dorado atardecer de otoño, entró en su casa, se sentó frente al piano y simplemente tocó...

GLOSARIO

acosándolos: perseguindo-os
alborotados: agitados
añoranzas: saudades
apacible: tranquilo
apresuradamente: apressadamente
atrapado: capturado
aun: ainda, até, ainda que
aún: ainda
azabache: pedra de cor preta
bromeó: brincou — v. *bromear*
*****cambiar:** mudar
cerró: fechou — v. *cerrar*
chavales: moços, rapazes
chirriar los neumáticos: "cantar pneus"
coches: carros
cogió: tomou, pegou — v. *coger*
corneado: chifrado — v. *cornear*
cruzaron miradas: entreolharam-se
desparramados: espalhados
eligió: escolheu — v. *elegir*
(se) empecinaban: teimavam — v. *empecinarse*
(se) enorgulleció: orgulhou-se — v. *enorgullecerse*
envolvió: embrulhou
escalones: degraus
esfumarse: sumir
(se) estrelló: colidiu, bateu — v. *estrellarse*
extrañaba: sentia saudades — v. *extrañar*
*****fuente:** travessa
garabato: rabisco

hambre: fome
hermana mayor: irmã mais velha
hilo: fio (barbante)
hizo caer: deixou cair
hizo muestra: mostrou
hojearlos: folheá-los — v. *hojear*
hondo: profundo
huyó: fugiu — v. *huir*
intentaron: tentaram — v. *intentar*
jamón: presunto
jefe de policía: delegado de polícia
lechuza: coruja
lejos: distante
lío: bagunça, confusão
*****novio:** namorado
oía: ouvia — v. *oír*
paquete: pacote
patrulleros: viaturas policiais
*****pegarlos:** colá-los — v. *pegar*
pestañas: cílios
*****prejuicios:** preconceitos
*****pronto:** em seguida
quedaron: ficaram — v. *quedar*
raudamente: velozmente
*****rincón:** canto, recanto
rodajas: fatias
secuaz: cúmplice
sillón: poltrona
*****sitio:** lugar
*****sobre:** envelope
temprano: cedo
testigo: testemunha
trozos: pedaços

---

*As palavras assinaladas com asterisco são falsos cognatos ("falsos amigos").

ACTIVIDADES

1. Encuentra en el texto cinco pronombres reflexivos y escribe oraciones utilizándolos.

2. Dolores le dice a Irene:

   "Soñar es un gran riesgo. Antes que Franco tomase el poder, muchas personas soñaban con un mundo mejor, donde todos fuesen tratados con humanidad. Luchaban contra todo tipo de discriminación. Planeaban un mundo en que hubiese lugar para todas las razas, creencias, formas de pensar y de sentir. Pero, para los fascistas, la libertad de ser era aterradora, hasta repugnante. No podían convivir con ella e intentaron destruirla".

   Responde qué quiere decir Dolores cuando expresa:
   a) "Soñar es un gran riesgo".
   b) "Planeaban un mundo en que hubiese lugar para todas las razas, creencias, formas de pensar y de sentir".
   c) "La libertad de ser era aterradora, hasta repugnante".

3. Comenta con tus compañeros sobre los casos de discriminación que conocen. Averigua qué piensan sobre esas situaciones.

4. Observa atentamente la obra de Goya que figura en las páginas 22-23.
   a) ¿Qué sentimientos te despierta? Intenta expresarlos gráficamente.
   b) También puedes reproducir la obra de Goya según tus propias posibilidades y creatividad. ¡Adelante! Lo importante es que lo hagas.

5. Escribe las siguientes oraciones en el Pretérito Perfecto.
   a) Miguel *tuvo* que pedir a un amigo, estudiante de Arte, que le prestase una monografía.
   b) Solo *intenté* ponerme en el lugar de Miguel.
   c) El padre y la hermana le *daban* mucho apoyo y cariño.

6. Busca en el diccionario el significado de las palabras destacadas del siguiente fragmento y escribe un texto sobre la justicia utilizando algunas de ellas.

"Desde su creación, Amnistía Internacional ha luchado contra la *impunidad* por medio de la acción de sus miembros, pidiendo a los gobiernos que pongan a disposición judicial a los autores de *violaciones* de derechos humanos.
Además de los progresos realizados desde el punto de vista del enjuiciamiento de individuos en distintos países en virtud de la jurisdicción universal o de la celebración de juicios en el país donde se han cometido los *delitos*, en julio de 1998, se produjo un enorme avance con la aprobación del Estatuto de Roma de la Corte Penal Internacional, tribunal permanente que se ocupará de enjuiciar a individuos, más que a países, acusados de graves crímenes de *lesa humanidad*".

Extraído de Un Nuevo Capítulo en la Historia de los Derechos Humanos, en www.edai.org

7. La página en español de Internet de Amnistía Internacional es www.amnistiainternacional.org. Navega por ella para conocer las acciones que desarrolla esa organización para la defensa de los derechos humanos.

8. Escribe oraciones con los siguientes verbos condicionales.

permitiría	cenaría	continuarían
quedarían	tendría	enorgullecería

9. Irene se acuerda de las comidas que preparaba su madre. Investiga sobre ellas y sobre otras comidas típicas de España. ¿Has probado alguna de ellas?

© Delia María De Césaris y Telma Guimarães Castro Andrade, 2006

SANTILLANA
ESPAÑOL

Dirección: *Paul Berry*
Gerencia editorial: *Sandra Possas*
Coordinación de iconografía: *Ana Lucia Soares*
Coordinación de tratamiento de fotos: *Américo Jesus*
Coordinación de revisión: *Estevam Vieira Lédo Jr.*
Coordinación gráfica: *André Monteiro, Maria de Lourdes Rodrigues*
Coordinación de producción industrial: *Wilson Aparecido Troque*

Proyecto editorial: *Daisy Pereira Daniel*

Edición: *Daisy Pereira Daniel y Mônica Franco Jacintho*
Corrección: *Véra Regina Alves Maselli*
Revisión lingüística: *Carolina Valeria León Leite*
Revisión: *Elaine Cristina Del Nero*
Diseño gráfico: *Ricardo Van Steen Comunicações e Propaganda Ltda. / Oliver Fuchs (Adaptado por Christiane Borin)*
Dirección de arte: *Claudiner Corrêa Filho*
Ilustración: *Top Studio Ltda.*
Cubierta: *Top Studio Ltda.*
Captura de fotos: *Luciano Baneza Gabarron*
Tratamiento de fotos: *Américo Jesus, Rodrigo Raimundo da Silva*
Maquetación: *Formato Comunicação Ltda.*
Fotomecánica: *Formato Comunicação Ltda.*
Impresión: Log&Print Gráfica e Logística S.A.
　　　　　Lote: 754655
　　　　　Código: 12046338

Dados Internacionais de Catalogação na Publicação (CIP)
(Câmara Brasileira do Livro, SP, Brasil)

De Césaris, Delia María.
　　Misterio en el museo : nivel 2 / Delia María De Césaris, Telma Guimarães Castro Andrade. — 2. ed. — São Paulo : Moderna, 2005. — (Lecturas modernas)

　　Inclui suplemento para o professor.

　　1. Literatura infanto-juvenil em espanhol
I. Andrade, Telma Guimarães Castro. II. Título.
III. Série.

05-2576　　　　　　　　　　　　　　　　　　　　CDD-028.5

Índices para catálogo sistemático:
1. Literatura juvenil em espanhol　028.5

ISBN 85-16-04633-8

Reprodução proibida. Art. 184 do Código Penal e Lei 9.610 de 19 de fevereiro de 1998.

Reservados todos los derechos.

SANTILLANA ESPAÑOL
SANTILLANA EDUCAÇÃO LTDA.
Rua Padre Adelino, 758, 3º andar – Belenzinho
São Paulo – SP – Brasil – CEP 03303-904
www.santillanaespanol.com.br
2022

Impresso no Brasil